창조문학대표시인선 • 212

분홍방울 달고

박기임 제 2시집

창조문학사

□ 시인의 말

보석길이 열립니다

나지막한 좁은 개울 언덕길에
봄이면 이름 모를 들풀들이
앞 다투어 긴 잠에서 깨어나 일어섭니다.
그 사이로
보석길이 열립니다.

한 발짝 두 발짝
보물 소리 들으며 걸어가는 길
머리에 옥구슬 새기며
긴 사색(思索) 한톨 한톨 엮어갑니다.
즐거운 콧노래 흥얼거리며
어린 아이가 아장아장 걸어가듯
가슴에 물안개 한 아름 안고
꽃처럼 피어나는 시를 쓰고 싶습니다.

늦게나마 시를 접해주신
하나님께 감사 드립니다.
조약돌을 보석으로 태어 날수 있도록
지도해주신 홍문표 총장님 이영지 교수님께
진심으로 감사드립니다.

2013년 2월 21일
박 기 임

박기임 제 2시집

| 차 례 |

□ 시인의 말 … 3

제 1부 / 새해 꿈 모자이크

새해 꿈 모자이크 … 11
그리움 한 옹큼 … 12
별은 새로운 삶을 찾아 … 13
별은 하늘에서 잠들고 … 14
보고 싶은 내별 … 16
고향을 가는 구름 … 17
볼이 터지도록 깔깔 거리는 웃음 … 18
손가락 끝에 침 발라 … 20
징검다리 … 21
기다렸던 노오란 편지 … 22
실개천 … 23
넌 그날의 햇살이다 … 24
낑낑 거린다 어리광 부린다 … 26
대나무 … 27
마음은 날개를 달고 … 28
햇살그네 … 30

제 2부 / 주님의 깃발을 들었다

주님의 깃발을 들었다 … 33
어느 겨울밤의 기도 … 34
기도의 줄을 풀어 놓습니다 … 35
그대 품에 안겨 … 36
새벽의 발자욱 … 38
기다리는 마음 … 39
봄신부의 볼 … 40
물방울 목거리 … 41
비구름 … 42
거울 속에 비친 나 … 43
꿈은 자라고 … 44
이끼낀 바위 … 45
하늘을 나르는 그리움의 푸르름 … 46
돛단배 하나이다 … 47
마음물소리 … 48
하늘에는 빛이 있습니다 … 49
당신을 만나고 부터 … 50
주님 품에 안겨 … 51

제 3부 / 꽃비꽃비 물비

벚꽃길 꽃노을 … 55
봄비 … 56
분홍방울 달고 … 57
꽃비꽃비 물비 … 58
감나무 꽃 … 59
산에는 봄이 오고 … 60
가지 끝에 하늘빛이 찾아올 때 … 61
초록 물결 흘러내리는 산길 … 62
어린 풀잎 … 63
목련이 웃어주면 … 64
향기 그대 … 65
휴식 … 66
나무도 새싹일 때가 있다 … 67
새벽 … 68
꽃들의 잔치 … 69
봄이 오는 소리 … 70
잔디 … 71

제 4부 / 하늘물감

하늘물감 … 75
가을의 길목에 서서 … 76
낙엽 이야기 … 77
겨울바람이 곁에 왔다며 … 78
가을 … 79
구름거품 … 80
하늘손길 … 81
가을그리움 … 82
천사의 아름다움 … 83
단풍 … 84
살구나무 … 85
측백나무 … 86
산장에 피는 눈꽃 … 87
눈의 불꽃 … 88
12월이 해를 부르고 … 89
겨울빙판 … 90
구름은 아랫마을 놀다가고 … 91
숲 … 92

□ 해설 / 봄햇살, 봄 꿈동산의 시학 _ 홍 문 표 … 93

제 1 부

새해 꿈 모자이크

새해 꿈 모자이크

묵은해는 잠들고
동해바다 불덩이로
떠 오른 새해
활활 타오른 불꽃
새 꿈에 모자이크 붙이며
꺼지지 않는 화로 불
가슴 깊숙이 피어 오른
모란꽃 바라보면서
농부가 농사짓듯
부지런히 가꾸고 보살펴
가을 창고에 알곡이
가득 차기를
새해 꿈을 꾼다

그리움 한 옹큼

내 그리움
한옹큼 따다
가슴에 안고 싶은데
하늘과 땅사이
메아리는 바람에 날아가
그곳을 향해
뭉개구름 목화송이 만들고
때로는 가랑비가 되었다가
소나기도 내리고
야릇한 안개속에 갇혀
허우적 거리며
아쉬움만 남긴채
되돌아 올수 없는 먼길

별은 새로운 삶을 찾아

나무 밑 연한 풀잎
강한 야생화 되지 못하고
뭇별 속에 쌓여
보이지 않는 이 땅
애타게 그리며
눈물짓고 있지 않는지
붙잡으려고 발버둥 쳤지만
어둠이 빛을 막아
찾을 수가 없다
영영 내 손길에서 멀어져 간 너
눈물 씻고 새로운 삶 부딪치며
고통과 슬픔 애통이 없는 나라
고이 잠들어라

별은 하늘에서 잠들고

하나의 선을 넘은 어둠과 빛
바뀌고 바뀌어도
가슴속 돌덩이 같은
그리움의 응어리 풀리지 않는다
내 가슴 불화살
밤마다 하늘 향해 솟아 올린다
메아리도 돌아오지 않는 머나먼 곳
갸릇한 너 마음
이것저것 챙겨주고
때 묻은 너 손길 만지고자
간직하며 버리지 못한다
나는 너에게 아무것도 해줄수 없다
유일하게 너 무덤 앞에
한 아름 꽃다발 말없는 무덤에
마치 너를 만지는 것 같아
잔디만 쓰다듬고 눈물 삼키며
못 다한 내 사랑

피어나지 못하고
그립고 보고 싶은 마음
가을 푸른 하늘에 띄우고
흐르는 눈물
아픈 가슴 하늘에 매 단다

보고 싶은 내별

잠자리에 누어있으면
베갯잇 사이로
그리운 내별이 떠 오른다
나도 모르게
눈물로 베갯잇 적시고
그립고 보고 싶은 마음
어린아이가 칭얼대듯
이 밤을 달랠수 없다
왜 이렇게 보고 싶은지
잠 못 이루고
내 별에게 달려간다
눈물로 길을 만들고
보고 싶어
하염없이 흘러내리는
눈물 속에 떠오른 내별
밤이 새도록
몸을 뒤적이며
꿈에서라도 보고 싶다

고향길 가는 구름

눈이 시리도록 푸르디푸른 맑은 하늘
어디선가
구름밭이 몰려와
왁자지껄이며
뭉게구름이 새털 구름되어
아랫마을 뒷마을 소식 가지고
고향 길에 오른다
파도를 타듯
노도 없이 잘도 간다
먼 고향 길
산과 들 강
넘고 넘어
제비꽃 보랏빛에 내려앉아
하늘 이야기를 소곤소곤
꽃잎은 귀가 간지러워
깔깔 거리고
마음의 빗장을 활짝 열어
즐거움과 기쁨이 너울너울

볼이 터지도록 깔깔거리는 웃음

릴레이 선수가
바톤을 넘겨주듯
어둠과 빛이
하나의 선을 넘어왔다

마음 밭에
꿈을 새겨 넣고
장미꽃으로
피어나기를 바라면서

꿈을 향해
힘껏 달려
꼭지점을 찍고자
꼬부랑길
곧은 길
오솔길
때로는 고속도로를 달리고
언덕을 지나
골짝이 늪, 산, 들

텃밭에 무거운 돌맹이
헤치고 올라온 새싹
볼이 터지도록 깔깔거리는 웃음

손가락 끝에 침 발라

문풍지 건드리는 바람
들랑날랑
방에 온기 지키는 바람막이
가을이면 일년에 한번 새 옷 입고
짓궂은 동내 아낙들
갓 시집온 신부 방 창호지문
손가락 끝에 침 묻혀
구멍 내고
살며시 눈을 댄다
왁자지껄 웃음소리
온 마을 잔치상 펴고
방긋거리는 웃음 속에
꽃 같은 마음들이
하나 되어 축하 한다

징검다리

그대와 한 발짝 두 발짝
팔짝 팔짝
웃동네 아랫동네
이어주는 무지개다리
한결같은 노랫가락 벗 삼아
버티고 앉아있다

묵직한 몸체에 몸매는 납작
발피고 또 발 펴도 꼼짝 않고
온 몸을 내어주며
싫은 소리 한 번도 하지 않고
지나가기를 기다린다

홍수나면 몸을 감추고
파란하늘이 내려다보면
조금씩 조금씩 몸을 내민다

기다렸던 노오란 편지

흰 실오라기 하늘하늘
기다렸던 노오란

봄은
들뜬 가슴 쿵더쿵 방아
붉은 입술 꽃피우며
시끌벅적

회색 언덕길
발버둥 치며 올라온 길

함박웃음 속으로
마음에 쌓였던 무거운 짐
강바람에 날려 보내고
사뿐 사뿐

실개천

목마름 달래려는
조그만 목 줄기의
졸 졸 흐르는

실개천
올챙이 물장구친다
송사리 떼 모여든다
미꾸라지 흙탕물 뒤집어쓴다

맑은 물에 장구벌레 배 띄우고
동네개구장이
바지자락 걷어 올리면
삽시간에 물고기 숨어버린다

어둠이 덮이면
실개천 나풀거리는 풀잎 속은
물고기들의 피난처가 된다
조용한 개울

넌 그날의 햇살이다

넌 세월을 나눌 수 있는 친구이다

파도치는 물결에
스쳐 가 버린 지난날이지만
아쉬움과 그리움 매만진다

그 때
그 곳으로
넌 늘 꿈에 그렸던 친구이다
자고 나도
죽순 같이 솟아오른다

넌 산 넘어 간 구름이다
출렁이는 바다 물결 따라
떠내려 온 소식으로
그리움에 잠긴다

넌 안개를 벗어 던지고
화살같이 박히는
넌 그날의 햇살이다

낑낑 거린다 어리광 부린다

집에 들어선다

하루 종일 기다렸다고
반기며 끌어 당긴다
내 피붙이

낑낑 거린다 어리광 부린다
몸을 부벼댄다
살랑 살랑 꼬리가 춤춘다
반가워 깡충깡충 오른다
어쩔줄을 모른다

언제나 내 마음에
웃음을 가져다 준
소리쳐 꾸지람 줘도
웃고 덤비는
강아지다
내 사랑

대나무

키는 장다리
뚱굴 뚱굴 뚱굴레
하늘 기둥

그렇게도 많이 새우고도
초록 물결에 쌓이며
바람 불면
서로 몸을 부벼댄다

살랑살랑
소곤소곤
바스락 바스락
킥킥킥

서로가 좋아좋아
손 내밀어
웃음꽃이 방울방울

마음은 날개를 달고

마음은
바닷가에 앉아있다

살을 에이는 갯바람
모래 위 하얀 조개껍질
마음의 얼룩

아삭 아삭 소리에
뒤 돌아본다
모래 위 발자국
꼬부랑길
삶의 파노라마

고독을 씹으며
먼 지평선 너머
고향을 바라본다

소라껍질 텅 빈 마음
야릇한 아지랑이
피었다 사라지고
뭉게구름 두둥실

다가와 머물고 간 자리

마음은 날개를 달고
먼 여행길을 떠난다

햇살그네

햇살이 비친다

얼굴에 온통
하늘에서 햇살이 비친다

가만히 마루에 나 앉아
햇살의 말을 들으면
소곤소곤 들리는
하늘의 음성

햇살의 그네에
올라
그네를 탄다

해처럼 밝게 살으라
소곤소곤

제 2 부

주님의 깃발을 들었다

주님의 깃발을 들었다

많고 많은 깃발 중에
주님의 깃발을 들었다

가슴 가슴마다
사랑 넘치는
주님의 깃발을 들었다

거리를 누비며
네거리 모퉁이 누비며
오고 가는 길손
마음 붙들고
주님의 깃발을 들었다

따라가다 놓치면
줄 떨어진 연처럼
주저 앉고 싶을 때
주님은 나의 버팀목

오뚜기 같이
일어 설 수 있는 힘
오늘도
잃어버린 양 무리를 찾으려
주님의 깃발을 들었다

어느 겨울밤의 기도

저물어 가는
한 해의 아쉬움을
소슬바람에 날립니다
어두움이 잠든 밤
당신을 향해 마음 문을 엽니다

매서운 추위 속에
꽁꽁 얼어붙은 고드름
시간이 쌓이고 쌓이더라도
아침 햇살에
녹아내릴 눈물입니다

당신 말씀은
내 마음을 휘감아돌아
떠나지 않고 맴돌아돌아
뇌리에 박힙니다

이 깊은 겨울밤
당신은 봄바람이 되는
당신과의 대화
둥근 보름달이 떠오릅니다
환하게 웃음꽃이 피어납니다

기도의 줄을 풀어 놓습니다

새벽 어둠을 헤치고 가는 길입니다
바람에 바스락 바스락
낙엽소리입니다
어둠 가운데서 기도는 시작됩니다
기도의 줄을 다 풀어 놓습니다

화사한 봄볕 햇살이
하늘에서 내려와
마음의 가지 끝에 달립니다
가지에는
파릇파릇 새싹이 돋습니다

마음은 파란 가지를 붙들고
푸르도록 길을 엽니다

기도의 줄에는
하늘바람이 창창합니다

그대 품에 안겨

그대 품이 그리워
걸음을 재촉합니다
오솔길을 걷습니다

허튼 생각이 싱숭생숭할수록
앙상한 나뭇가지 붙잡고
능선을 향해 올라갑니다
그대를 만나러 갑니다

넓은 그대 품에 안깁니다
몸과 마음이 바람에 실려
하늘을 나릅니다
내 꿈은
그대 품에서 피어납니다

언제나 변함없는 그대
때가되면 옷을 갈아입으며
우뚝 서
나뭇가지 부딪치는 바람소리 지나
말씀의 품에 안깁니다

그대는 내 마음의 쉼터

맑은 공기
향긋한 미소
무거웠던 삶
하나 둘 떨어져 나가고
가벼운 발걸음에
온 몸이
그대 품에서 빙그레 웃음 짓습니다

새벽 발자욱

아직은 바깥이 캄캄합니다 신발에
하늘음성을 넣어 신고
새벽을 엽니다

새벽의 발자욱을 담은
신발이 밝은 등불을 답니다

빛따라
내 발길은
지금
당신에게로
가는 길입니다

기다리는 마음

실개천물은
소리 없이 잔잔히 흐르는데
그대는 도랑물 골짝물
어느 물길 따라 오나요

폭포수가 되어
달려오기를 바라지만
그대는 느림보 실개천

개울가 버들강아지 손잡고
이야기 꽃 피우며
흐르는 물에
꽃잎 띄우며 오나요

조급한 마음
설레는 마음
꽃잎은 하나 둘 고개 숙이는데
그대는 그윽한 향기 싣고
갯바람 되어 달려 오나요

봄신부의 볼

볼에는 분홍 수줍음이 있습니다

따뜻한 햇살따라
그대의 미소따라
뽀오얀 웃음이
탱글탱글 합니다

살며시
옷깃 여미는 가슴
행복이 살금살금
향내로 걸어갑니다

물방울 목거리

나뭇가지에 수정구슬 대롱대롱
떨어질 듯 말 듯 아슬아슬

아침 이슬에 맺힌 은구슬
풀잎 내려앉은 옥구슬
수정구슬 은구슬 옥구슬

목거리 만들어
그대 목에 걸어주고
둘이 하나 되어
웨딩마치에 발 맞춰 걸어간다

비구름

비구름이 몰려온다
산마루에 걸쳐
비눈물이 내린다

닭똥같은 눈물
마음을 비좁고 나온 눈물

바람이 스쳐갈 때마다
하나 둘 떨어지며
마음 눈물도 사라진다

거울 속에 비친 나

무심코 쳐다본다 거울
얼굴의 마음 거울을 쳐다본다

웃어본다
찡그려본다
울어본다
감추려는 속마음도
거짓 없이 드러난다 거울 앞에

부끄러움이 앞선다
새싹은 가을에
고운단풍잎 만드는데
거울 속 나를 본다

너는 무엇했느냐 물어 본다
내 삶 모내기에
샅샅이 훑어보아도
설레설레 고개만 흔들어 진다

꿈은 자라고

뒷뜰에 심었던 씨앗이
간밤에 눈을 뜨고
기지개를 펴고 일어 섰네요

부드러운 손길이 억새풀이 되도록
잠시도 떠나지 않고
정성의 마음을 뿌렸더니
무럭 무럭 자라
빙그레 웃으며 반기네요

옷자락마다 향기를 풍기며
곱게 곱게 꾸미고
하늘 나라 천사같이
눈이 부시게 무지개 고개로
내 마음을 이끌어 가네요

거기는 아름다움과
기쁨의 날개를 달고
훨훨 날아 날아
함박꽃 웃음속에
저 멀리
내 꿈이 펼쳐 지네요

이끼 낀 바위

쓸쓸하고 차디찬
긴 세월 속에
솟아 오른 응어리

그리움과 애달픔
토해 내면서
바싹 붙어 있는 너

하염없는 서러움에
견디다 못해
다소곳이 아린 마음
비단결 푸르름 들어낸 너

촉촉이 눈물에 젖어
융단같은 부드러운 살결
비바람 맞아 가면서
오늘도 말없이
홀로 앉아 있는 너

하늘을 나르는 그리움의 푸르름

푸르름
마음에
여치 날아와 푸드득
쿵덕쿵 방아 찧는 푸르름

푸르름
풍선되어
못다한 내 사랑 가득 싣고
하늘 높이 솟아오르는 푸르름

내 사랑 푸르름
회오리 바람타고
이사를 가는데
부엉새 슬피울며 울며
잠들었던 지난날
꽃잎되는 내 사랑 푸르름

날개없이도 떠오른 그리움의 푸르름
소리없이 눈가에
이슬 맺히고
잊을 수없는
내 별 그리움의 푸르름
마음은 하늘을 나르는 그리움의 푸르름

돛단배 하나이다

수평선 위 아물거리는
조그만 돛단배 하나이다
쪽빛 물결 헤치며 달려가는 돛단배 하나이다

은가루 뿌려주는
밀려오는 물결

심장이 뛰고
살아 움직이는 바다에 돛단배 하나이다

일렁거리는 너울에
하늘빛이 숨을 쉰다

저 멀리
빤짝거리는 불빛을 찾은 돛단배 하나이다
조그만 돛단배 하나이다

마음물소리

마음에는 물소리가 있습니다

물소리가
내 마음을 들어줍니다

하얀 슬픔일 때는
하얀 물소리
청푸른 슬픔일 때는
청푸른 물소리
파아란 가슴일 때는
파아란 바다를 보여줍니다

하늘하늘거리는 물소리따라
마음이 접혔다 폈다
어느덧
마음의 물소리가 아주 깨끗해 울립니다

하늘에는 빛이 있습니다

나에게는 하늘이 있습니다
늘 나는
하늘의 빛을 쳐다봅니다

마음이
다소 슬플 때도
하늘의 빛을 바라봅니다

푸른 하늘에 있는
파아란 꿈이
나에게 속삭일 때는

나는
하늘의 빛을 쳐다 봅니다

당신을 만나고부터

당신을 만나고 나서
지친 영혼 숨을 쉬고
마음속 깊은 곳
차가운 눈덩이
녹아 나네요

당신을 만나고 나서
쓰러진 풀잎
바람이 불어와
몸 추스리고
일어서네요

당신을 만나고 나서
풀벌레 소리가 들리고
주님의 사랑
물안개 되어
피어오르네요

당신을 만나고 나서
산마루에 걸려 있는
초승달 같이
빙그레 웃음이
찾아오네요

주님 품에 안겨

헐벗은 오동나무
오돌 오돌 떨고
생명의 말씀은
낙엽 속에 묻혀 있다

아지랑이 피는 햇살
창 틈 사이 들어와
입 맞추고
어루만지며
단잠을 깨운다

빽빽한 숲 속
나뭇가지 부딪치는 소리
영혼을 깨우고
생명의 말씀은 살아나
땅 속 두더지처럼
꿈틀 거린다

산골짝 개울 물소리
회개의 울부짖는 소리
배추꽃 노랑나비 한 마리
주님 품에 안겨
싱글 벙글

제 3 부

꽃비꽃비 물비

벚꽃 길 꽃노을

신랑 신부
꽃 너울에 휘감겨
파도치는 웃음 물결에
마음을 주고 받는 길

축복의 꽃송이
여기 저기
꽃 방울 터트리며
맞이하는 길

기쁨과 즐거움에
물오른 꽃향기
입에 가득 물고
반겨 주는 길

화사한 봄 날
꽃들의 잔치
마음의 나래펴
부푼 가슴
보금자리 찾아 가는 길

봄비

마음을 울리는 봄비
소리없이 찾아와
가슴을 두들기며
내 마음을 헤아리고
걸음 걸음 영혼 깊은 곳
스며드는 봄비

향긋한 내음이
마음의 묵은때를 씻어주고
잠들었던 영혼을 깨우는 소리
생명의 싹은 가득 차
영혼 깊숙이 내리는 봄비

분홍방울 달고

냇가 벚꽃나무 길
겨울 내내 메마른 뼈마디
긴 잠에서 일어나
훈훈한 바람에 쌓여
분홍 방울 달고
폭죽처럼 터트린다

활짝 핀 벚꽃이 방울방울
꽃구경 방울방울
입가 웃음이 몽울몽울
가슴 벅차
기쁨과 사랑이 방울방울
꽃잎 분홍방울 달고
물들어 간다

꽃비꽃비 물비

길가에 화사하게 핀 벚꽃
빗방울에 하나 둘 몸을 맡긴다

꽃비꽃비
물비
물비를 맞는다

꽃비가 내리느라

꽃비꽃비
물비

물비를 맞는다
꽃비를 맞는다
꽃비를 맞는다

감나무 꽃

앞뜰에 심어진 감나무
앙상한 나뭇가지
햇살 머금고
뾰쪽 뾰쪽
부드러운 연초록 잎 반들반들

어느새 가지 감싸고
감꽃이 핀 감돌개
노랗게 가지마다
큰 잎 사이로 살포시 내민 얼굴

바람이 불면
감나무 밑 꽃밭 되어
햇병아리 동네아이
놀이터가 된다

산에는 봄이 오고

겨우 내 까까머리
햇살이 만지자
앙상한 나뭇가지마다
새봄이 걸린다

부드러운
속살 들어내고
부끄러운 듯
연두 빛으로 피어난다

해맑은 새싹
덤불에 쌓인 숲속
훈훈한 바람이 간지러워
까까머리는
긴 잠에서 깨어난다

까까머리는 피고 지고
눈부신 봄으로 피어난다

가지 끝에 하늘빛이 찾아올 때

봄은 신부이다
수줍다

아침 햇살이다
새싹이다

산꼭대기 제일 높은 마음이다
가지 끝 하늘빛이다
새로움이다

초록 물결 흘러내리는 산길

초록 물결 흘러내리는 산길

세월에 그을린 마음
맑은 공기로 씻어내며
안개꽃 한 아름 안고
걸어가는 길이다

나뭇가지 흔들리는 바람소리
신선한 흙 내음
풀잎과 함께 너울거린다

산새 노래 솔바람 타고
가슴에 안겨
내 마음 넘나든다

산길 따라 이어 간다

어린 풀잎

가랑 잎 어둠 깃든 땅속
잠 깨어난 아기 풀

훈훈한 바람 머리에 이고
낙엽 헤치며 바스락 바스락
눈이 부셔 고개 숙여
살며시 허리 편다

연두 빛 옷자락
초록 언덕길 만들고
풀 향기
하늘 높이 뛰어 오른다

풀잎은 바람 따라 춤춘다

목련이 웃어주면

하이야니
목련이 웃어주면
내사
아름다운
처녀가 된다

봄날
아지랑이 데리고

목련이 웃어주면
내사
온 들이
나를 향해
손짓 한다

봄과 나와 목련
어께동무한다

향기 그대

그대에겐
향기가 있다
나는
그대를 향해
내음새를 맞는다

나는
그대로 하여
향기가 난다

사람들은
나에게서
향기가 난다고 한다

향기 그대
나

휴식

무거운 삶에 지친 영혼
소쩍새 훨훨 하늘을 나르듯
몸과 마음이
깃털을 달고 두둥실
무지개 곁에 다가선다

어제 오늘
있었던 일
고무풍선에 달아 날린다

때로는 쉬어가면서
영혼을
단풍같이 아름답게 물들이며
묻어둔 사연들
바람에 실려 보낸다

생생하게 떠오른 기억들
가물가물하게 잊어가면서
몸과 마음이 홀가분하게
여행을 떠난다

나뭇도 새싹일 때가 있다

나무도
새싹일 때가 있다

울울창창
가지를 뻗은 나뭇잎
나는 그 밑에 서 있다

나도 어릴 때가 있었다

내 가지가
울울창창 뻗어

숲을 이룬다
나무도
새싹일 때가 있다

새벽

어둠에 잠겨있는 물안개
마음에 하나의 등불 밝혀
가로등 밑 지나
새벽기도 가는 길
붉은 단풍 물들이고
새날을 깨운다

꽃들의 잔치

많은 미인이 모였다
옷자락마다 향기를 풍기며
곱게 곱게 꾸미고
하늘에 천사같이
눈이 부시게
영롱한 무지개 빛
마음을 빼앗아 간다
아름다움과 기쁨
머물고 싶은 안식처
끼리끼리 모여
무희가 군무를 하듯
함박꽃 웃음속에
마음이 쉬어가고
고운세상을 그려 간다

봄이 오는 소리

봄바람은 꽃들의 웃음
진달래 가지 흔들어
눈을 뜨고
노랑꽃잎 분홍꽃잎 웃음소리

메마른 가지마다
맑은 눈망울 터트리는 소리

겉치레 벗어던진 들녘
꿈틀거리는 어린 고사리 손
아지랑이 피어오르는 소리

오색 수놓은 비단길
고개 숙인 할미꽃
봄이 걸어오는 소리
님이 걸어오는 소리

잔디

잔디에 앉는다
푸른 들판이
끝없이 이어지며
하늘에 닿아 있다

닿는 하늘과 잔디가
나란히 손 잡는다

나란히
앉아
마음을 담는다

제 4 부

하늘물감

하늘물감

하늘은
물감을 잘 들인다
아지랑이 봄이면
아른아른 꿈을
물들인다

연노랑 옷자락일 땐
연노랑 마음을
하늘에 풀어 놓는다

봄의 하늘엔
내 기도도
올라가
하늘물감을 들인다

가을의 길목에 서서

매미 울음소리 등지고
바람을 잡아
뜨거운 열기를 식히며
여름 울타리 벗어난다

구름이 머물고 간 자리
따가웠던 햇살도 고개 숙이고
철새 따라 온 가을
끌어안고 반긴다

푸른 시절 썰물처럼 흘러가고
알알이 여문
열매들의 축제

하늘에 고추잠자리 맴돌고
풍년 농악소리
황금들판 흔든다

낙엽 이야기

비탈진 오솔길
마중 나온 세월
간밤에 있었던 이야기
산길 따라 이어 가는데
나무 밑에 토라진 슬픔
아픔과 쓰라림 안고
몸을 뒤틀고 쳐다보며
시련의 바람은
딩굴고
쓰러지고
넘어져
허우적거리는데
수북이 쌓여있는 낙엽
아리고 애달픈 삶

가을바람이 곁에 왔다며

쿨럭쿨럭 기침을 한다
가을 깊은 한자락
그리움 한자락
가지고

가을 바람이
곁에 왔다며
쿨럭쿨럭 기침을 한다

기침소리에
따뜻한 국화차를
내놓아 본다

이제 가을바람이
국화향기차이다

가을

물들어 가는
단풍잎 따라간다

무지개 피어 오른다
오솔길이 피어 오른다

가랑잎 사각 사각 소리에
시가 사각사각 밟힌다
그대가 사각사각 떠 오른다

부질없는 생각이라면서도
깊숙이 파고든다
바람에 굴러가는 낙엽따라
내 마음을 앗아간다

구름거품

구름은 산봉우리를 먹고
비누 거품처럼 사라진다

높은 산에
회색커튼 쳐놓고
갈기갈기
낙엽처럼 떨어진다

무거운 안개 속에
번데기 몸부림치며
아픔을 이겨
해당화가 된다

소나기구름 천둥번개소리
폭포수 되어 흘러내리고
사랑의 밧줄도
풀어진다

마음의 구름
어느덧 살얼음 지나
뼈 마디마디 마다
눈꽃 되어
태양을 바라본다

하늘손길

하늘에는
손이 있다

길다란 손길로
톡톡
마음이 쓰릴 때
두드린다

하늘손길에는
사랑이 있다

사랑의 긴 손길로
마음이 아플 때
두드린다

하늘손길이 길다

가을 그리움

나뭇잎은 싸늘한 바람결에
살며시 옷깃을 드러내며
물결친다 내 마음
무지개 피어 오른다

오솔 길
가랑잎 밟는
사각 사각 소리에

아리송히 뜬 구름

그리움 사로잡아
깊숙히 편다

천사의 아름다움

한 번도
천사를 본 적이 없다

한 번도
소리를 들은 적이 없다

한 번도
발소리를 들은 적이 없다

거울에 비치는
천사의 얼굴을 보며
천사의 모습을 한다

천사의 소리를 들으며
찬송가를 듣는다

천사의 발소리를 들으며
당신의 문을 두드린다

단풍

네온 싸인 손짓한다
화려한 불빛 아래

산자락마다
무지개 너울거리고

노을은
단풍나무 가지에 걸려 있는데

산등성이
활활 타오르는 불꽃
메아리 되어
부르고 있다

살구나무

얼굴색이
살구빛인 소녀를
좋아하는
살구나무는
새콤달콤하다

바람불면
하나 둘 씩
떨어질 때
소녀를 안듯이
두 손으로 잡고
살살만져 준다

측백나무

울타리에
사철 푸르름을
뿌린다

비잉 둘러
집안을 만든다

행여
누가 들어올까

잎이 뾰족뾰족

솔잎처럼 지켜준다

산장에 피는 눈꽃

개미소리 잠든
겨울 산장의 뜰

하얀 카펫 깔아놓은 잿빛 하늘
신부맞이에 은가루 뿌린다

담장 밑 나뭇가지
뒤뜰 장독대 기와지붕도
새하얀

눈꽃위에
강아지 발자국만 여기 저기 저기 여기
부챗살 햇빛이다
아침이다

눈이 시리도록 반짝반짝
꽃 중에 신부

눈의 불꽃

눈은
불꽃이다

찬 얼음에서
행여 길을 잃을까
불을 켠다

눈 위를 걷는다

발등에 불을 달고
하얀 마음을 달고
불꽃을 들고

12월이 해를 부른다

초가집 굴뚝연기
서산에 넘어가는
해를 부른다
멈추라 한다

해는 저 갈길이 바빠
저녁 노을을 따라가고
아쉬움만 남긴채
뒤돌아 본다

잠들었던 지난날
새김질하며
하나 둘 일깨워 본다
12월이 해를 부른다

겨울빙판

설설긴다

차도

사람도

아이도

어른도

설설긴다

꽈당

넘어진다

구름은 아랫마을 놀다가고

하늘에서 놀던 구름
갑자기 아랫마을이 그립다

구름이 함께 놀 친구를 찾아간다
개울가 조약돌 곁에가
흘러가는 노래 소리를 듣는다

뭉게구름 넘실넘실
반들거리는 고운 얼굴
온종일 씻고 씻어
둥근 얼굴 보고 간다

숲

숲은 여자이다
여자의 마음이다
마음의 산책길이다

숲길에는
꽃이 피고
여름열매가
열리고
익는다

숲은 여자이다

□ 시집평

봄햇살, 봄 꿈동산의 시학

– 박기임 시인의 시집 『분홍방울 달고』에 부쳐 –

홍 문 표

(평론가 · 시인 · 전 오산대학 총장)

박기임 시인이 두번째 시집 『분홍방울 달고』를 상재하였다. 우선 시집 발간을 축하한다. 각박한 세상에서 시를 사랑하며 사는 것도 행복한 일인데 시를 쓰며 시인으로 산다는 것은 더욱 특별한 축복이 아닐 수 없다. 옛날에는 시인과 예언자를 동일하게 보았다. 왜냐하면 시인이나 예언자나 눈에 보이는 세상만 보는 것이 아니라 눈에 보이지 않는 마음의 세계, 미래의 세계를 볼 수 있고, 더구나 신의 음성까지도 들을 수 있는 시력과 청력을 가졌기 때문이다. 시인은 인간의 내면 뿐만 아니라, 사물의 내면까지 들여다 본다. 그리하여 지금까지 보고 듣고, 느끼던 표면적인 세계를 넘어 신비로운 내면의 세계를 마치 잠수부가 깊은 바다에 들어가 보물을 찾듯이 땅 속 깊은 곳에서 보석을 찾듯이 존재의 숨겨졌던 진실을 발굴하여 세상에 드러내게 된다.

우리들은 눈으로 보이는 것만 내가 믿을 수 있는 세상이라 생각하고 손으로 만져지는 것만 확실한 진실이라고 생각한다. 그러나 인간의 시력은 날짐승보다 약하고, 인간의 청력은 곤충보다 못한 실력이다. 그러한 감각기관으로 사물을 본다는 것은 기껏해야 사물의 껍데기, 아니면 사물의 끝자락 일부를 아는 것일 뿐이다. 그래서 일찍이 아인시타인 같은 천재과학자도 인간의 알고 있는 지식이란 태평양에 떠 있는 가랑잎 하나, 그 정도 밖에는 알지 못하는 것이 인간의 감각능력이라고 하였다. 그래서 과학자들은 인간의 연약한 시력과 청력을 보완하기 위하여 현미경도 만들고 망원경도 만들고 초음파도 만들어 더욱 미세한 세계를 보려고 한다. 그러나 아무리 과학이 발달해도 하나님을 볼 수 없고 존재들의 내면에 숨어 있는 진실을 들여다 볼 수 있는 것은 아니다. 이는 오직 내면의 시력이 있고, 내면의 청력이 있는 시인이나 예언자들만이 볼 수 있는 것이기 때문이다. 시인은 세상의 표면만 보는 것이 아니라 내면을 본다. 그러나 과학자들이 보는 물질적인 내면이 아니라 하나님이 창조하신 신비로운 사물의 내면, 바로 창조주의 내면을 본다. 그리고 그러한 내면을 통하여 들려주시는 음성을 듣는다. 그러기에 시인은 신의 내면을 보고 신의 음성을 듣는 예언자가 된다.

박기임 시인의 이번 시집도 따지고 보면 신이 창조한 사물들을 통하여 신의 내면을 보고 신의 음성을 듣고는 이를 세상에 들어낸 예언들이다. 이를 시학에서는 시인의 상상력을 통하여 들어낸 시의 세계라고 한다. 그런데 흥미로운 것은 같은 사물의 내면을 보고, 내면의 음성을 듣지만 보는 사람에 따라 각기 다른 체험을 하게 된다. 그만큼 신의 섭리는 각자의 상상력에 따라 다르게 계시된다. 이를 시학에서는 개성이니, 창조성

이니 독창성이니 한다. 그렇다면 박 시인의 이번 시집을 통하여 발견한 신의 내면은 무엇이며 신에게서 어떤 음성을 들었을까. 그가 이번 시집을 통하여 들려주는 내면의 독특한 음성을 들어보아야 하겠다.

박시인은 이번 시집의 제목을 『분홍방울 달고』로 하였고, 이를 다시 제 1부는 '새해 꿈 모자이크', 제 2부는 '주님의 깃발을 들었다' 제 3부는 '꽃비꽃비 물비', 제 4부는 '하늘물감' 으로 구성하였다. 이런 제목들에서 느끼는 첫 인상은 제 1부의 새해 꿈이나 제 2부의 주님의 깃발이라는 신앙적인 용어가 있기는 하지만 분홍방울, 꽃비, 물비, 하늘물감 등의 시어들을 보면 이번 시집이 얼마나 순수하고 동화적인가를 물씬 느끼게 한다. 그런데 시집 전체를 읽으면서 제일먼저 다가오는 것은 이 시인의 시적 상상력은 봄이라는 계절적 시간의식이 강하다는 사실이다. 이번 시집 70여편을 보면 봄을 소재로 한 시들이 단연코 많은 비중을 갖고 있는 것이다.

흰 실오라기 하늘하늘
기다렸던 노오란

봄은
들뜬 가슴 쿵더쿵 방아
붉은 입술 꽃피우며
시끌벅적

회색 언덕길
발버둥 치며 올라온 길

함박웃음 속으로

마음에 쌓였던 무거운 짐
강바람에 날려 보내고
사뿐 사뿐

–「기다렸던 노오란 편지」 전문

봄에는 분홍 수줍음이 있습니다

따뜻한 햇살따라
그대의 미소따라
뽀오얀 웃음이
탱글탱글 합니다

살며시
옷깃 여미는 가슴
행복이 살금살금
향내로 걸어갑니다

– 「봄신부의 봄」 전문

마음을 울리는 봄비
소리없이 찾아와
가슴을 두들기며
내 마음을 헤아리고
걸음 걸음 영혼 깊은 곳
스며드는 봄비

향긋한 내음이
마음의 묵은때를 씻어주고
잠들었던 영혼을 깨우는 소리
생명의 싹은 가득 차
영혼 깊숙이 내리는 봄비

– 「봄비」 전문

봄바람은 꽃들의 웃음
진달래 가지 흔들어

눈을 뜨고
노랑꽃잎 분홍꽃잎 웃음소리

메마른 가지마다
맑은 눈망울 터트리는 소리

– 「봄이 오는 소리」 에서

「기다렸던 노오란 편지」 에서 시적 화자의 봄은 흰 실오라기 하늘하늘하게 기다렸던 노오란 봄이다. 얼마나 간절한 봄이었나를 느끼게 한다. 왜 그리 봄을 기다렸을까. 그것은 지나온 세월이 발버둥치며 올라온 회색의 언덕길이었기 때문이다. 시인은 막연하게 노오란 봄을 기다린 것이 아니라 회색빛처럼 가파른 과거의 길을 벗어나고 싶은 욕망에서 비롯되는 봄의 기다림이다. 왜냐하면 붉은 입술 꽃피우며 시끌벅적한 봄, 함박웃음이 가득한 봄은 그동안 쌓였던 무거운 짐을 모두 강바람에 날려 보낼 수 있기 때문이다. 그렇다면 봄은 단순한 계절이 아니다. 과거를 청산하고 과거를 치유할 수 있는 구원이 되는 것이다. 바로 여기에 이 시인의 봄에 대한 진지한 메시지가 있다.

「봄신부의 볼」 에서 봄신부는 봄날의 신부일수도 있지만 사실은 봄을 신부로 의인화한 것이다. 따라서 봄은 신부의 볼처럼 분홍빛 수줍음이 있고, 뽀얀 웃음도 있고, 행복도 있고, 향내도 있다는 것이다. 그만큼 봄과 신부는 공통점을 갖고 있다는 말인데 이는 생명력이 넘치는 봄, 웃음과 행복으로 충만한 봄인 것을 잘 보여주는 노래다. 「봄비」 는 대지에 내리는 수분으로서의 비가 아니다. 마음을 울리는 봄이고, 가슴을 두들기는 봄비이고, 영혼 깊은 곳으로 스며드는 봄비다. 그리하여 봄비는 대지의 생물들을 소생시키는 자연현상이 아니라 내 마음의 묵은 때를 씻어주고, 잠들었던 내 영혼 깨우는 영혼의 봄비가 된다. 여기서 시인은 사물의 표면이 아니라 사물의 내면을 보고 그 내면에서 신의 음성을 듣는다는 것을 재확인하게 된다.

이러한 자세는 「봄이 오는 소리」에서도 들어나고 있다. 이 시에서는 먼저 웃음으로 가득한 봄꽃들의 세계를 제시하고 있다. 그러나 그러한 세계는 단지 현상들에 대한 시인의 인생만이 아니라 봄이 걸어오는 소리에서 마침내 님이 걸어오는 소리를 듣는다. 여기서 님이란 누구일까. 사랑하는 사람일까. 존경하는 사람일까. 이는 결국 이 모두를 아우르고 초월하는 만유주, 바로 하나님의 섭리를 지적한 것일 것이다.

이처럼 박 시인의 이번 시집은 봄이라는 계절적 시간이 시적인 상상력 속에서는 치유의 대상으로 신의 섭리로 절대화 되고 있다. 어째서 봄이 이처럼 시인의 절대적인 시간과 공간이 되었을까. 그것은 첫째로 봄은 꿈이 있기 때문이다.

화사한 봄볕 햇살이
하늘에서 내려와
마음의 가지 끝에 달립니다
가지에는
파릇파릇 새싹이 돋습니다

마음은 파란 가지를 붙들고
푸르도록 길을 엽니다

기도의 줄에는
하늘바람이 창창합니다

– 「기도의 줄을 풀어 놓습니다」에서

옷자락마다 향기를 풍기며
곱게 곱게 꾸미고
하늘 나라 천사같이
눈이 부시게 무지개 고개로
내 마음을 이끌어 가네요

거기는 아름다움과
기쁨의 날개를 달고
훨훨 날아 날아
함박꽃 웃음속에
저 멀리
내 꿈이 펼쳐 지네요

– 「꿈은 자라고」에서

시적화자의 봄은 그의 신앙, 그의 기도마저 봄으로 수렴된다. 「기도의 줄을 풀어 놓습니다」에서 기도의 줄이 무엇인가를 봄 햇살이 하늘에서 내려와 마음의 가지 끝에 달리고 그래서 가지에는 파릇한 새싹이 돋는다고 했다. 절묘한 표현이다. 기도란 무엇인가. 그것은 신과의 대화다. 아니 신의 위로와 강복의 소망이다. 이러한 신의 은총을 시인은 화사한 봄의 햇살이 하늘에서 내려와 마음의 가지 끝에 달린다고 했다. 그렇다면 봄 햇살은 바로 하나님의 은총이 된다. 기도는 하나님의 은총으로 내 영혼이 소생하는 것이고, 그것은 봄 햇살이 가지를 흔들어 소생시키는 이치와 같은 것이다. 「꿈은 자라고」에서는 뒤뜰에 심었던 씨앗이 눈을 뜨고 무럭무럭 자라 빙그레 웃고, 천사같이 나를 이끌어 간다는 것이다. 어디로 가는 것일까. 거기는 아름다움과 기쁨의 날개가 훨훨 나르는 곳, 내 꿈이 펼쳐지는 곳, 바로 웃음과 자유가 있는 곳이다. 시적 화자의 꿈은 이처럼 하늘과 맞닿은 곳이고, 기쁨과 자유가 있는 봄이다.

그런가 하면 박 시인이 보여주는 봄은 꽃이 있고, 햇살이 있고, 늘 웃음이 있는 공간이다.

냇가 벚꽃나무 길
겨울 내내 메마른 뼈마디
긴 잠에서 일어나
훈훈한 바람에 쌓여
분홍 방울 달고
폭죽처럼 터트린다

활짝 핀 벚꽃이 방울방울
꽃구경 방울방울
입가 웃음이 몽울몽울
가슴 벅차
기쁨과 사랑이 방울방울
꽃잎 분홍방울 달고
물들어 간다

– 「분홍방울 달고」 전문

길가에 화사하게 핀 벚꽃
빗방울에 하나 둘 몸을 맡긴다

꽃비꽃비
물비
물비를 맞는다

꽃비가 내리느라

꽃비꽃비
물비

물비를 맞는다
꽃비를 맞는다
꽃비를 맞는다

– 「꽃비꽃비 물비」 전문

「분홍방울 달고」 는 봄날 벚꽃들이 만개한 화사한 꽃동산이다. 시인은 벚꽃들의 개화를 분홍방울 달고 폭죽처럼 터드린다고 했다. 그 꽃밭에서는 꽃들이 방울방울하고 사람들의 입가엔 웃음이 몽울몽울 가슴이 벅차, 기쁨과 사랑으로 하나가 되는 분홍방울 가득한 세계가 된다.

「꽃비꽃비 물비」 도 그렇다. 여기서는 꽃비와 물비가 하나가 되고 있다. 이처럼 봄동산은 꽃으로 가득한 사람도 꽃이 되어 함께 어우러지는 꽃세상이 된다. 그 꽃세상이 기쁨과 웃음과 환희가 넘친다. 시인의 봄은 그렇게 꽃으로 가득한 세상이다. 그런데 이러한 꽃들의 행진도 꿈의 노래도 그 연원은 햇살에 있다. 햇살은 단지 태양이 발산하는 빛만이 아니다. 하늘에서 내리는 은총의 빛이다.

햇살이 비친다

얼굴에 온통
하늘에서 햇살이 비친다

가만히 마루에 나 앉아
햇살의 말을 들으면
소곤소곤 들리는
하늘의 음성

햇살의 그네에
올라
그네를 탄다

해처럼 밝게 살으라
소곤소곤

– 「햇살그네」 전문

나에게는 하늘이 있습니다
늘 나는
하늘의 빛을 쳐다봅니다

마음이
다소 슬플때도
하늘의 빛을 바라봅니다

푸른 하늘에 있는
파아란 꿈이
나에게 속삭일 때는

나는
하늘의 빛을 쳐다 봅니다

– 「하늘에는 빛이 있습니다」 전문

「햇살그네」에서 보듯이 햇살은 해에서 비치는 것이 아니라 하늘에서 비친다. 그것은 하늘에서 내리는 음성이기도 하다. 그래서 시적화자는 햇살의 그네를 타고 하늘과 땅을 오르내린다. 햇살은 속삭인다. 해처럼 밝게 긍정적으로 살으라는 계시다. 그렇다면 햇살은 자연현상이 아니라 하늘의 음성, 하늘의 계시, 하늘의 섭리다. 그래서 하늘의 빛은 시적 화자의 종교다. '나에게는 하늘이 있습니다' 라고 했다. 그래서 나는 늘 하늘의 빛을 쳐다본다고 했다. 하늘은 땅과 대비되는 곳이다. 땅은 유한한 곳이지만 하늘은 영원하고 무한하다. 지상은 절망이 있고, 슬픔이 있고 이별이 있지만 하늘은 그러한 고통이 없다. 그래서 화자는 슬플 때 하늘을 쳐다본다. 하늘은 늘 파아란 꿈, 영원한 소망이 있는 공간이다. 이는 대단한 신앙시의 모습이다. 하늘을 보는 것은 바로 절대자를 향한 신앙적 자세다. 따라서 하늘을 보는 것은 바로 절대자를 향한 신앙적 자세다. 이처럼 박시인의 봄은 하늘의 햇살이 가득한 세계이고, 꽃들이 만개한 세계이고, 꿈으로 가득한 세계다. 그래서 모든 생명들은 소망과 환희의 웃음으로 가득해 진다.

꿈을 향해
힘껏 달려
꼭지점을 찍고자
꼬부랑길
곧은 길
오솔길
때로는 고속도로를 달리고
언덕을 지나
골짝이 늪, 산, 들

텃밭에 무거운 돌맹이
헤치고 올라온 새싹
봄이 터지도록 깔깔 거리는 웃음

－「봄이 터지도록 깔깔거리는 웃음」에서

새싹들 「봄이 터지도록 깔깔거리는 웃음」으로 가득한 봄의 세계, 그러나 웃음으로 가득한 봄으로 오기까지는 꿈을 향해 힘껏 달렸고, 꼬부랑길, 곧은 길, 오솔길, 때로는 고속도로를 달리기도 하였다. 새싹들의 웃음은 그냥 얻어진 것이 아니라 숱한 역경을 거쳐 마침내 도달한 결과라는 것이다. 인생도, 자연도, 웃음으로 가득한 세계에 도달하기 까지는 많은 과정을 거치게 된다. 봄도 그렇다. 봄이 오는 길은 가을이나 겨울이라는 고난의 계절을 거쳐서 오는 것이다 .

이처럼 박 시인의 이번 시집은 온통 봄으로 장식된 봄꽃동산이다. 그만큼 꿈과 소망이 넘치고 온통 하늘의 햇살이 가득하고, 그래서 웃음과 기쁨이 넘치는 낙원이 된다. 어찌보면 낙관적인 인생관이거나 낭만주의적인 서정이라고 할 수 있다.

왜 박 시인의 시에는 이처럼 봄꽃으로 가득한 화사한 세계일까. 그에겐 낙엽지는 가을이나 쓸쓸한 겨울이 없는 것일까. 이번 시집을 보면 그에게 가을과 겨울에 대한 몇 편의 시도 있다. 그런데 그의 가을을 보면 낙엽 따라 내 마음을 앗아간다. 뿐만 아니라 그리움으로 사로 잡히기도 한다. 그리고 겨울은 아쉬움의 계절이다. 가을이나 겨울은 누구에게도 쓸쓸하고, 외로운 것이다. 그러나 박 시인에게서 가을이나 겨울은 유독 기피하는 계절이 되어 온통 봄으로만 가득한 것이다.

그 이유는 무엇일까. 그것을 필자는 두 가지 점에서 지적하고 싶다. 하나는 가을이나 겨울은 절망이고 이별이기 때문이다. 그것은 단지 계절적인 정서나 감정만이 아니다. 현실적인 삶의 과정에서 참을 수 없는 이별의 아픈 상처가 있었기 때문이다. 그의 시 가운데는 「그리움 한 웅큼」, 「별은 새로운 삶을 찾아」, 「별은 하늘에서 잠들고」, 「보고 싶은 내 별」이 있다. "영영 내 손길에서 멀어져간 너" 라든지 "가슴속 돌덩이 같은 그리움의 응어리 풀리지 않는다" 라는 구절에서 보듯이 그에게 있어서 아픈 혈육의 이별은 응어리진 내면의 트라우마가 된다. 그러기에 슬픔과 이별이 있는 가을이나 겨울 보다는 만남이 있고, 꿈이 있고, 소망이 있고, 기쁨이 있는 봄의 공간을 무의식적으로 갈망하게 된다. 또 다른 하나는 그의 신앙이다. 그가 가진 기독교적 신앙은 철저히 이별이나 죽음을 벗어나는 봄의 종교다. 거기엔 생명이 있고, 희망이 있고, 밝음이 있고, 영원한 기쁨이 있다. 이러한 내면적 갈증이 봄이라는 꽃동산을 통해 해결될 수 있기에 시인은 이번시집을 통해 그리움의 감정과 신앙적인 소망을 햇살이 가득한 봄 꽃동산으로 승화시키고 있는 것이다.

당신을 만나고 나서
지친 영혼 숨을 쉬고
마음속 깊은 곳
차가운 눈덩이
녹아 나네요

당신을 만나고 나서
쓰러진 풀잎
바람이 불어와
몸 추스리고
일어서네요

당신을 만나고 나서
풀벌레 소리가 들리고
주님의 사랑
물안개 되어
피어오르네요

당신을 만나고 나서
산마루에 걸려 있는
초승달 같이
빙그레 웃음이
찾아오네요

－「당신을 만나고부터」 전문

유한한 인간의 실존, 때로는 눈물이 있고, 이별이 있는 지상의 삶에서 인간 스스로의 힘으로 이 모든 번뇌와 고뇌를 극복하기란 어려운 일이다. 어느 시인이 외로우니까 인간이다 라고 말한 것처럼 인간은 근원적으로 외로운 존재다. 그리고 이러한 문제는 인간 스스로 해결 할 수 있는 영역이 아니다. 내가 원해서 세상에 태어난 것이 아니다. 인간은 누군가가 나를 태어나게 한 것이다. 그렇다면 나의 근원적인 문제들은 나를 태어나게 한 그분만이 해결할 수 있는 것이다. 여기에 그분인 당신에게 나의 모든 문제를 맡겨야 하는 이유가 있는 것이다. 「당신을 만나고부터」는 바로 시적 화자가 짊어진 삶의 십자가 그리움과 이별과 소망의 모든 짐들을 절대적인 당신에게 맡기면서 해결되는 치유의 노래, 구원의 노래라는 데서 이 시집의 종결자라고 해야 하겠다. 시인은 당신을 만나면서 지친 영혼이 숨을 쉬게 되었고, 차가운 연민과 갈등도 녹아나게 되었다. 쓰러진 풀잎, 겨울처럼 얼었던 생명들도 봄바람으로 소생하게 되었고, 풀벌레 우는 봄동산으로 꽃을 피운다. 그리하여 마침내는 당신안에서 자유로운 영혼이 되어 초승달같은 회심의 미소를 회복하게 되는 것이다.

이처럼 박기임 시인의 이번 시집 『분홍방울 달고』는 인간적인 번뇌와 그리움의 겨울을 지나 하늘빛 찬란한 봄꽃동산에서 절대적인 초월자의 은총을 체험하면서 현실을 초극하는 치유의 노래, 구원의 노래가 된다.

박기임 제 2시집

분홍방울 달고

2013년 2월 21일 인쇄
2013년 2월 21일 발행

지은이 박 기 임
펴낸이 신 용 호
펴낸곳 창조문학사

서울 서대문구 홍은동 397-26 동천아카데미 5층
등록번호 제1-263호
전화 02-374-9011 / FAX 02-374-5217

공급처: 한국출판협동조합 전화 02-716-5619~9

값 10,000원
ISBN 978-89-7734-337-5